Universal Edition

Kurt Weill

Sechs Songs aus der Dreigroschenoper

für Klavier bearbeitet von Marino Formenti (2002)

T0056214

www.universaledition.com

vienna · london · new york

UE 32 645

ISMN M-008-06668-9
UPC 8-03452-01389-1
ISBN 3-7024-1663-3

Barbarasong 2

Seeräuberjenny 6

Ballade vom angenehmen Leben 10

Liebeslied 16

Zuhälterballade 18

Kanonensong 23

UE 32 645

Sechs Songs aus der Dreigroschenoper

für Klavier bearbeitet von Marino Formenti

Kurt Weill
(1900–1950)

1. Barbarasong

Moderato assai

Universal Edition UE 32 645

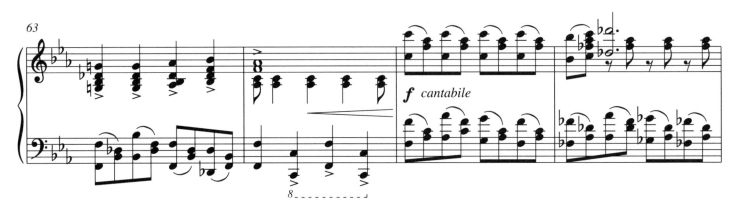

(attacca)

2. Seeräuberjenny

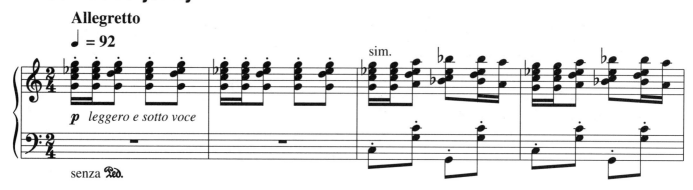

con un poco di *Ped.*

sempre più secco

breit

meno mosso (wie ein schleppender Marsch)

3. Ballade vom angenehmen Leben

4. Liebeslied

molto tranquillo, un poco liberamente

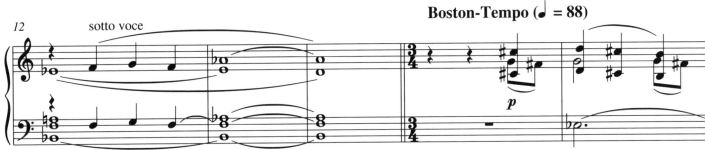

Boston-Tempo (♩ = 88)

5. Zuhälterballade

Tango-Tempo (♩ = 58)

(attacca)

6. Kanonensong

Foxtrott-Tempo ($\textbf{\textit{d}} = 92$)

MODERNE KLAVIERMUSIK
— Eine Auswahl —

APOSTEL Kubiniana op. 13, 10 Stücke	UE 11776
BARTÓK Allegro barbaro	UE 5904
Im Freien, 5 Klavierstücke, 2 Hefte	UE 8892a/b
9 kleine Klavierstücke	UE 10000
– daraus: Heft 2: Menuetto, Chanson, Marcia, Tambour	UE 8921
Lieder und Tänze aus den „44 Duos für 2 Violinen" für Klavier bearbeitet von G. Sándor	UE 18585
Petite Suite	UE 10987
3 Rondos über Volksweisen	UE 9508
Rumänische Volkstänze	UE 5802
Rumänische Weihnachtslieder	UE 5890
Sonate	UE 8772
– dto., Faksimile-Ausgabe (Somfai)	UE 17272Kar
– dto., Faksimile-Ausgabe gebunden	UE 17272L
Suite op. 14	UE 5891
Tanzsuite	UE 8397
15 Ungarische Bauernlieder	UE 6370
BERG Sonate op. 1	UE 8812[1]
Frühe Klaviermusik (Stephan)	
– Heft 1: Ausgewählte Klavierstücke	UE 18145
– Heft 2: 12 Variationen über ein eigenes Thema	UE 18146
BERIO 6 Encores (Erdenklavier, Feuerklavier, Luftklavier, Wasserklavier, Leaf, Brin)	UE 19918
Luftklavier	UE 18688
Rounds	UE 13794
Sequenza IV, *Neuauflage*	UE 30137
BERIO FAMILY ALBUM Adolfo Berio: Maria Isabella (Klav. 4-händig); Ernesto Berio: Che chice la pioggerillina di marzo; Luciano Berio: Petite Suite	UE 15950
BIRTWISTLE Précis	UE 14158K
BLACHER Trois Pièces	UE 11628
BOULEZ Première Sonate	UE 14916
Douze Notations	UE 18310
3me Sonate, fomant 2: trope	UE 13292
– dto., formant 3, Nr. 2: miroir	UE 13293b
CASELLA 11 Pezzi infantili	UE 6878
EINEM 4 Klavierstücke	UE 11471
Zwei Sonatinen op. 7	UE 11911
Vermutungen über Lotti. 10 Capricen op. 72	UE 14940
EISLER Sonate op. 1	UE 7475
Klavierstücke op. 3	UE 8436
FELDMAN for bunita marcus	UE 17966
palais de mari	UE 30238
Piano	UE 16516
Triadic Memories	UE 17326
FURRER Voicelessness (the snow has no voice)	UE 18942
HALFFTER Cadencia	UE 30132
el ser humano muere solamente cuando lo olvidan	UE 30133
Espacios no simultáneos	UE 30379
HAUBENSTOCK-RAMATI Klavierstücke	UE 14255
Catch 2	UE 14881
Sonate	UE 18243
HINDEMITH Ludus tonalis (Schubert/Ludwig) *Wiener Urtext Edition*	UT 50128
JANÁČEK Klavierminiaturen, *Erstausgabe*	
– Heft 1: Intime Skizzen	UE 30191[2]
– Heft 2: Mährische Tänze	UE 30192[2]
KAGEL Metapiece (Mimetics)	UE 14919
Unguis incarnatus est für Klavier und ...	UE 15621
MM 51 Ein Stück Filmmusik für Klavier	UE 16651
An Tasten	UE 16753
KODÁLY Ballettmusik	UE 10722
7 Klavierstücke op. 11	UE 6653
Méditation sur un motif de Debussy	UE 7799
Márosszéker Tänze	UE 8213
– dto., Faksimileausgabe der Handschrift, geb.	UE 17760
Drei Stücke aus „Háry János" (Intermezzo, Viennese Clock, Song)	UE 31200
Tänze aus Galanta	UE 10671
KRENEK Sonate op. 2 Es-Dur	UE 6496
2 Suiten op. 26	UE 7798
5 Klavierstücke op. 39	UE 8601

KRENEK Little Concerto op. 88 (Solostimme)	UE 17082
Sonate II op. 59	UE 8836
KURTÁG 8 Klavierstücke op. 3	UE 14140
LENTZ „Caeli enarrant ..." for prepared piano	UE 31177
LIEBERMANN Sonate	UE 12055
MARTIN 8 Préludes	UE 11973
Guitare	UE 15041
Fantaisie sur des rhythmes flamenco	UE 15042
Esquisses pour piano	UE 16979
MARTINU Deux pièces	UE 13431
MESSIAEN Cantéyodjayâ	UE 12127
Oiseaux exotiques für Klavier und kleines Orchester, Klavierstimme	UE 13008
MILHAUD 3 Rag-Caprices	UE 6562
OTTE Tropismen	UE 13645
PÄRT Partita op. 2 (toccatina – fughetta – larghetto – ostinato)	UE 30410
Varationen zur Gesundung von Arinuschka • Für Alina	UE 19823
Zwei Sonatinen op. 1	UE 30411
RIHM Klavierstück Nr. 1	UE 19594
Klavierstück Nr. 4	UE 18690
Klavierstück Nr. 5 – Tombeau	UE 16608
Klavierstück Nr. 6 – Bagatellen	UE 17057
Klavierstück Nr. 7	UE 17216
Ländler UE	17860
Nachtstudie	UE 30289
SATIE Ausgewählte leichte Klavierstücke	UE 31283[3]
Jack in the box op. posth.	UE 9914
SATIE-MILHAUD 5 Grimaces, Klavierauszug	UE 9915
SCHÖNBERG Ausgewählte Klavierwerke *Wiener Urtext Edition*	UT 50195
Kammersymphonie op. 9	UE 7146
Klavierstück op. 33a	UE 9773
Klavierstück op. 33b	UE 15165
3 Klavierstücke op. 11	UE 2991
3 Klavierstücke	UE 18382
6 Kleine Klavierstücke op. 19	UE 5069
Suite op. 25	UE 7627
SOTELO su un oreano di campanelli	UE 30167
STOCKHAUSEN Nr. 2, Klavierstücke I–IV	UE 12251
Nr. 4, Klavierstücke V–X	UE 13675a/f
Nr. 7, Klavierstück XI (Ausgabe in Rolle)	UE 12654
Aus den sieben Tagen	UE 14790
SZYMANOWSKI Quatre Etudes op. 4	UE 3855
Etudes op. 33	UE 6998
Masques op. 34	UE 5858
Mazurkas op. 50	UE 15972
Métopes op. 29	UE 6997
9 Préludes op. 1	UE 3852
Sonate Nr. II a-Moll op. 21	UE 3864
Sonate III d-Moll op. 36	UE 5859
Variationen über ein polnisches Volkslied op. 10	UE 3859
THE SZYMANOWSKI COLLECTION Etüden, Preludes, Mazurka	UE 70002
TANSMAN Quatre Nocturnes	UE 12096
Suite variée	UE 12401
Sonate V	UE 12498
10 leichte Klavierstücke	UE 14559
Sonata rustica	UE 8599
THE TANSMAN COLLECTION 15 Klavierwerke	UE 70006
UE-BUCH DER KLAVIERMUSIK DES 20. JAHRHUNDERTS mit Werken von Reger, Kodály, Bartók, Schönberg, Webern, von Einem, Martin, Milhaud, Boulez, Stockhausen u.a.	UE 12050
UE KLAVIERALBUM Musik des 20. Jahrhunderts für junge Pianisten mit Werken von Schönberg, Bartók, Webern, Casella, Kodály, Hauer, Wellesz, Martin, Hába, Schulhoff, Cowell, Jelinek, Apostel, Füssl, Boulez, Berio, Cerha, Stockhausen und Pärt	UE 18588
UE PIANO VARIETÉ Neue Spielsachen für Klavier. Eine Sammlung toller frecher und verträumter zeitgenössischer Klavierstücke für Kinder in einfachem Schwierigkeitsgrad. Mit ausführlichen Erläuterungen von Monika Hildebrand.	UE 30225
WEBERN Variationen op. 27	UE 10881
Klavierstück op. post.	UE 13490

1) Originalverlag Robert Lienau, Berlin
2) nicht lieferbar in die Länder des ehemaligen COMECON
3) nicht lieferbar nach Frankreich und Spanien

www.**universal**edition.com

vienna · london · new york

KURT WEILL

AUFSTIEG UND FALL DER STADT MAHAGONNY, Oper

Klavierauszug	UE 9851
Textbuch	UE 9852
• Sechs ausgewählte Stücke für Gesang und Klavier	UE 9851a
• Suite, Partitur	UE 13542K
• Alabama-Song, Gesang und Klavier	UE 8900
• Mahagonny-Songspiel, Klavierauszug	UE 12889
Textbuch	UE 8917

DAS BERLINER REQUIEM

Studienpartitur	UE 16630
Klavierauszug	UE 9786

DIE BÜRGSCHAFT, Oper

Klavierauszug	UE 1525

DIE DREIGROSCHENOPER

Taschenpartitur	Ph 400
Klavierauszug	UE 8851
• Die bekannten 17 Songs, Gesang und Klavier	UE 13832
• Ballade vom angenehmen Leben, Gesang und Klavier	UE 9595
• Barbara Song, Gesang und Klavier	UE 9594
• Kanonen Song, Gesang und Klavier	UE 8847
• Liebeslied, Gesang und Klavier	UE 9596
• Moritat von Mackie Messer, Gesang und Klavier	UE 9772
• Seeräuber-Jenny, Gesang und Klavier	UE 9652
• Tangoballade (Zuhälterballade), Klavier zweihändig	UE 8848
• Musik aus der Dreigroschenoper bearbeitet für Saxophonquartett (Harle)	
• Sieben Stücke arrangiert für Violine und Klavier (Fraenkel)	UE 9969
• Sechs Stücke arrangiert für 4 Klarinetten oder 3 Klarinetten und Baßklarinette (Rae) Partitur und Stimmen	UE 30117
• KLEINE DREIGROSCHENMUSIK für Blasorchester, Partitur	UE 9712

HAPPY END, Komödie mit Musik

Studienpartitur	UE 17243
Klavierauszug	UE 11685
• Bilbao-Song, Gesang und Klavier	UE 9892
• Matrosen-Song, Gesang und Klavier	UE 9893
• Surabaya-Johnny, Gesang und Klavier	UE 9862

DER JASAGER, Schuloper

Klavierauszug (deutsch)	UE 8206
Klavierauszug (englisch)	UE 8206E

LINDBERGHFLUG / DER OZEANFLUG

Kantate für Tenor, Bariton und Bass, Chor und Orchester (Text B. Brecht), Klavierauszug	UE 9938

DER NEUE ORPHEUS OP. 15

Kantate für Sopran, Violine und Orchester, Klavierauszug	UE 8472

DER PROTAGONIST, Oper

Klavierauszug	UE 8387
Textbuch	UE 8388

ROYAL PALACE

Klavierauszug	UE 8690

DER SILBERSEE

Ein Weihnachtsmärchen von Georg Kaiser, Klavierauszug	UE 10464

DER ZAR LÄSST SICH PHOTOGRAPHIEREN, Oper

Klavierauszug	UE 8964
Textbuch	UE 8965

FRAUENTANZ OP. 10,

7 Gedichte des Mittelalters für Sopran, Flöte, Bratsche, Klarinette, Horn, Fagott

Klavierauszug	UE 7748
Partitur	UE 7599

BALLADE VON DER SEXUELLEN HÖRIGKEIT

und andere Songs für Gesang und Klavier	UE 9787

BRECHT-WEILL SONG-ALBUM

Gesang und Klavier oder Gitarre (Duarte)	UE 17105

KONZERT FÜR VIOLINE UND BLASORCHESTER OP. 12

Partitur	UE 8340
Klavierauszug	UE 8339

1. STREICHQUARTETT OP. 8

Taschenpartitur	Ph 474
Stimmen	UE 7700a/dK

KURT WEILL

Kurt Weill wurde am 2. 3. 1900 in Dessau, Deutschland geboren. Schon früh zeigte er musikalisches Talent: Im Alter von 12 Jahren komponierte er bereits und veranstaltete Konzerte und musikdramatische Werke. Um 1925 etablierte sich Weill mit erfolgreichen Aufführungen in Berlin und bei internationalen Musikfestivals als einer der führenden Komponisten seiner Zeit, in einer Reihe mit Hindemith und Krenek. 1927 entstand das „Mahagonny Songspiel", Weills erste Zusammenarbeit mit Bertolt Brecht, mit dem Weill eine vergleichbare literarische und dramatische Sensibilität verband. Brecht und Weill schufen in einem neuen populären Song-Stil eine Reihe von Werken für Musiktheater, insbesondere die „Dreigroschenoper" und „Happy End".

Wegen Anfeindungen durch die Nationalsozialisten floh Weill 1933 nach Paris und 1935 weiter in die USA. In der Überzeugung, daß das kommerzielle Theater mehr künstlerische Möglichkeiten böte als die konservative Oper, wandte er sich dem Broadway-Theater zu.

Weill starb am 3. 4. 1950, als seine deutschen Werke gerade wiederentdeckt wurden. Das verbindende Element bleibt jedenfalls die faszinierende Vielfalt seiner Werke, die allesamt die unverwechselbare stilistische Handschrift Weills tragen.